LE
DRAME DE METZ

— 31 Juillet - 31 Octobre 1870 —

PAR

LE P. MARCHAL

AUMONIER
DE LA GARDE IMPÉRIALE

LYON

P. N. JOSSERAND, LIBRAIRE-ÉDITEUR

PLACE BELLECOUR, 3

Décembre 1870

TOUS DROITS RÉSERVÉS

LE
DRAME DE METZ

— 31 Juillet – 31 Octobre 1870 —

I

Aujourd'hui 31 octobre 1870, mon âme déborde de douleur et mes yeux versent des larmes de colère. J'ai assisté hier au dénouement lugubre d'un drame de cent jours, et j'ai vu les hordes prussiennes profaner, par leur présence, la cité vierge qui leur avait été livrée sans coup férir. Mais n'anticipons pas : tâchons seulement, en rassemblant nos souvenirs, d'égrener, sans être injuste pour personne, le chapelet de nos indignations et de nos angoisses.

Arrivé à Metz le 31 juillet, par un soleil splendide, je fus ébloui par l'éclat de notre état-major, émerveillé de sa joyeuse insouciance et, disons-le, médiocrement rassuré par les énormes consommations qu'il se permettait à la rue des Clercs. Je me fis montrer, avec un empressement candide, nos maréchaux, nos généraux, nos intendants, etc.; or je vis, avec stupéfaction, que tout cela paraissait vieux, viveur, et que toutes ces figures portaient toute autre marque que celle du génie.

Dès ce moment j'eus peur pour notre pauvre France.

Il fallait m'équiper pour faire la campagne, et c'est alors que je pus apprécier la probité des petits marchands de Metz. « — Combien cette tente? — Cent dix francs sans les piquets. » Or, cette tente dura deux jours et fut déchirée en lambeaux par le premier orage, tandis qu'une bonne tente d'officier vaut cinquante francs. « — Combien cette peau de mouton? — Quarante francs. » C'est ce que vaut la peau avec le mouton; mais il fallait partir le lendemain, et il n'y avait pas à balancer. « — Combien cette simple selle de cheval ? — Cent quatre vingt-dix francs. — Êtes-vous circoncis? — Quelle question? — C'est que votre probité me prouve que tous les juifs ne le sont pas. »

Disons-le tout de suite, pour n'avoir pas à interrompre plus tard notre récit, la population de Metz a su se montrer, durant tous ces mauvais jours, sérieuse, énergique et véritablement patriote. Une foule de propriétaires ont vu, avec une résignation empreinte de je ne sais quelle grandeur civique, la dévastation de leurs terres et de leurs maisons de campagne; les dames les plus respectables de la ville ont soigné nos blessés avec un dévouement au-dessus de tout éloge; mais là, comme ailleurs, la cupidité des marchands de comestibles et de tous les objets nécessaires à une armée en campagne s'est manifestée sans pudeur. Elle a englouti, par millions, de scandaleux bénéfices, dont une moitié suffirait à indemniser amplement ceux qui n'auront connu de la guerre que les fléaux qui l'accompagnent et les ruines qu'elle amoncelle.

Nous voici en route pour la frontière par une journée magnifique. La garde se déroule comme un immense serpent aux reflets d'argent et d'or d'une longueur de 20 kilomètres. Tout le monde est rayonnant d'espoir et de bonne humeur. « — Où allons-nous? — A Berlin ! » disent les moins modestes ; « à Sarrelouis », disent les plus modérés ; « nous n'en savons rien » disent les mieux informés. Bref, nous campons à Vormelange, non loin de Boulay.

En suivant la route qui va de Boulay à Saint-Avold, nous pouvions arriver le vendredi à Forbach et changer, le lendemain, en victoire la défaite de Frossard. Mais, hélas ! le généralissime avait des combinaisons plus profondes. Ordre arrive de rétrograder jusqu'à Courcelles-le-Chaussy pour se mettre à cheval sur la grande route de Mayence.

Jamais je n'oublierai le spectacle que nous eûmes cette nuit sous les yeux. Surprise par un orage épouvantable, la garde avait dressé ses tentes, à neuf heures du soir, dans des champs de pommes de terre détrempés. Un bois était à côté : on y porta la hache et l'on alluma de grands feux. Nos malheureux soldats ôtèrent leurs chemises qu'ils présentèrent à la flamme en chantant la Marseillaise. Vu de la colline d'en face un tel spectacle avait quelque chose de fantastique et d'infernal.

Le dimanche nous partions pour Saint-Avold, en suivant la grande route de Mayence, dite de la Grande-Armée, et nous arrivâmes à midi sur les hauteurs de Longeville. « Comment s'appelle cette ferme ? s'écria un brave général ; c'est ici que nous devons attendre des ordres. » Un officier prussien n'eût pas fait cette question, car tous ceux qui commandaient l'armée allemande avaient en poche une carte admirablement faite, et l'avaient longtemps étudiée. Chose triste à dire, ils connaissaient mieux notre propre pays que nos généraux. Avouons-le en toute franchise, les officiers allemands sont sérieux; ils travaillent, tandis que les nôtres sont souvent plus occupés à plaire aux dames, ou à s'abrutir par l'absinthe qu'à étudier la géographie. Cela nous explique pourquoi cette triste campagne ne fut guère qu'une suite de surprises désastreuses.

Pendant que la garde campait sur les hauteurs de Longeville, je descendis au village. Là, on me conduisit vers un convoyeur qui nous raconta, les larmes aux yeux et en tremblant, le désastre de Forbach. C'était la veille que le corps de Frossard avait été mis en déroute, et cela sous les yeux du corps de Bazaine qui n'avait pas brûlé une cartouche, tandis que depuis deux jours, à une étape de distance, la garde était occupée à abîmer les récoltes du village de Courcelles!

Je ne juge pas, je raconte, et ma tristesse n'a point de fiel.

Je remontai la côte au galop. Le général Desvaux était couché, comme un guerrier antique, à l'ombre d'un mur, sur une gerbe de blé. Je lui raconte ce que j'ai appris du convoyeur. Il a l'air de dire : Je sais tout, et donne ordre de faire rétrograder les équipages sur la route de Metz. La garde reste sur le *qui vive!* A dix heures du soir, je parcours les rangs de ma division, priant nos chers soldats de recommander leur âme à Dieu et de s'apprêter à se battre en héros, puis je m'endors de fatigue sur les bagages de l'intendance. Tout à coup, vers deux heures du matin, le cri *aux armes!* retentit dans tout le camp, et en un clin d'œil la garde se trouva prête au combat. C'était une fausse alerte, mais nous n'en commençâmes pas moins notre mouvement de retraite, jetant ainsi l'épouvante dans les villages qui nous avaient vus passer la veille.

La route, à certains endroits, était encaissée et encombrée par une multitude de voitures. Nous longions de plus une forêt à une demi-portée de fusil. Or, cette forêt n'avait pas été fouillée, et l'on se contentait de faire filer quelques cavaliers sur la lisière, à cent pas de la colonne. « Voyez, me dit un officier, comment nous prenons nos précautions. Qu'arriverait-il, si deux divisions ennemies débouchaient tout à coup de ces bois, pour nous prendre en flanc? Je ne crois pas à la bravoure de nos généraux, mais ils me forcent de croire à leur ineptie. » .

Je le trouvai sévère sans oser croire qu'il avait tort. Les soldats commençaient à dire : « Nous sommes vendus ! » et quand le soldat se permet de dire cela, il a perdu la moitié de sa force. Quelques jours après, nous arrivions sous les murs de Metz, où nous étions rejoints par les corps de Frossard, de Canrobert, de Ladmirault et de l'*immortel* Bazaine.

II

Nous étions là, oisifs et mécontents, depuis quelques jours, arrêtant quelques faux espions, sans savoir mettre la main sur les vrais, quand nous apprîmes que l'ennemi était à Nancy et avait occupé, sans coup férir, la tête du chemin de fer de Frouard, qui était un de ses objectifs. Nous avions laissés intacts les ponts d'Ars et de Novéant, comme pour faciliter à l'armée allemande le passage de la Moselle. En revanche, le *génie* avait fait sauter le magnifique viaduc du chemin de fer de Thionville, si bien protégé par les formidables batteries du fort Saint-Quentin.

On peut se demander, sans être trop méchant, si le *génie* doit servir à faire des folies.

Enfin, le 14 août à quatre heures du soir, le canon se fit entendre sur toute la ligne qui s'étend du fort Queuleu au fort Saint-Julien. Ce combat, dit de Borny, dura jusqu'à la nuit et fut très-meurtrier. Impossible de décrire le formidable concert qui résultait de la fusillade, réhaussée par le grondement du canon et par les horribles craquements de nos mitrailleuses. Nos pertes furent considérables, et celles de l'ennemi beaucoup plus grandes, grâce à l'énergie du brave Ladmirault.

Le lendemain, beau jour de l'Assomption, j'arrivai à cinq heures du matin sur le champ du carnage. Je passe par le parc du château, où je m'étais promené la veille, en disant mon bréviaire. Là, sous une touffe d'arbustes, je vois un soldat couché, puis un autre, et un autre encore! Je m'approche; j'enlève la casquette qui leur couvre la figure: ils étaient morts! Je traverse le village abandonné, et j'arrive dans une ferme assez à temps pour administrer deux agonisants. Je m'avance enfin dans les champs jonchés de quelques centaines de morts, parmi lesquels je découvre cinq ou six blessés, dont plusieurs pouvaient guérir. Je regarde pour appeler du secours, et je vois quelques hommes occupés à dépouiller les cadavres et à vider les sacs abandonnés! Je les supplie de m'aider à transporter les blessés à la ferme voisine ; mais, sans me répondre, ils continuent leur horrible besogne ! J'accoste un pauvre boiteux : il prend un de ces malheureux sur ses épaules, et s'écrie en pleurant : « Que ne puis-je les emporter tous à la fois ! »

Ainsi vont les choses sur cette pauvre terre : la vertu y coudoie le vice, et l'on y rencontre des anges à côté des démons.

Cependant l'ennemi avait atteint son but, qui consistait à nous couper la route de Verdun, en faisant filer ses innombrables colonnes par la vallée de Gorse, pour gagner les plateaux de Mars-la-Tour et de Rezonville.

L'empereur l'avait senti, car, en rentrant en ville, j'appris qu'au lieu de célébrer sa fête et sa victoire, il était en retraite avec toute son armée, pour essayer de gagner Châlons. Les nombreux équipages de Sa Majesté encombraient la route à un tel point que la garde ne put arriver à Gravelotte (13 kilomètres) qu'à onze heures du soir. Rien ne manquait au ménage de cet austère général en chef, et l'on voyait, dit-on, sur une de ses voitures, cette magnifique inscription : *Homards frais!*

« — On dirait l'armée de Darius, m'écriai-je en m'adressant à un officier de mes amis. — Rien n'y manque, me répondit-il, pas même Darius, et de tous nos bagages c'est, sans contredit, le plus embarrassant. »

En effet, si j'en crois le bruit qui courait dans l'armée, la bataille du 16, dite de Gravelotte, ne fut livrée que pour nous débarrasser de ce bagage. L'empereur voulut passer le matin, et rencontra l'ennemi qui lui barra la route. Il se retira, dit-on, dans une ferme du voisinage, avec le petit prince, et la bataille commença, vers neuf heures du matin, par le corps de Frossard. Celui-ci se laissa surprendre, dit-on, comme à Forbach, et refusa de donner des ordres, sous prétexte qu'il était à déjeûner et n'avait pas pris son café.

J'ignore si ce pauvre général a mérité tout le mal qu'on a dit de lui, mais, s'il est innocent, le bon Dieu lui doit un beau dédommagement pour toutes les calomnies dont il se sera vu l'objet.

Cette journée du 16 fut la seule vraie bataille livrée par l'armée de Bazaine. Commencée à neuf heures du matin, elle ne finit guère qu'à neuf heures du soir. Durant ces douze heures de carnage, j'ai pu voir de mes propres yeux, près du village de Rezonville, l'intrépidité de nos troupes de ligne, les brillantes charges de nos cavaliers et la solidité de nos artilleurs. Là, comme ailleurs, ceux qui firent le mieux leur devoir furent les officiers inférieurs et les soldats. Je dois dire cependant, pour être vrai, qu'en général, nos soldats de la réserve se montrèrent assez faibles. Beaucoup se réfugiaient derrière les équipages, sous prétexte de les garder, et il fallut la gendarmerie pour les faire avancer. Je pus voir aussi, en me tenant derrière les lignes que, quand un malheureux avait reçu quelque légère blessure, ses deux voisins se montraient fort empressés à sortir des rangs pour lui faire la conduite, en portant son sac et son fusil.

Quoi qu'il en soit, on se battit bien ce jour-là. Des milliers de blessés passèrent par nos ambulances, où ils reçurent de nos chirurgiens les soins les plus intelligents et les plus empressés. La salle des amputations surtout, présentait un spectacle à faire frémir. J'emportai dans la fosse d'à côté, plusieurs jambes coupées dont on n'avait pu tirer les bottes. Je vis des visages fendus en deux et des entrailles sortant du ventre. Ma mission fut bien douloureuse ce jour-là, mais ma moisson fut belle, car ma croix d'apôtre fut blanchie par les baisers de nos héros expirants.

J'appris, le soir, qu'un soldat ennemi venait de commettre un crime horrible, au mépris de la convention de Genève. Le major Burdy était occupé à panser nos blessés à l'ambulance de Rezonville, quand il voit arriver, sabre nu, un cavalier prussien. Le docteur montre le brassard qu'il avait au bras, mais le barbare lui répond par deux coups de sabre qui l'étendent raide mort, et font de cet homme de bien un glorieux martyr!

Craignant d'être inexact en voulant trop préciser, je n'ose évaluer nos pertes, mais autant que j'ai pu en juger, nous aurions eu, ce jour-là, peut-être trois mille morts et le double de blessés. Les pertes de l'ennemi, dit-on, auraient été triples. J'aime à le croire, mais je regrette que jamais nous n'ayons remporté une victoire assez décisive pour nous permettre de compter les pertes de l'armée allemande, en restant maîtres du champ de bataille.

Qu'était devenu l'empereur pendant cette horrible mêlée? Il aurait, dit-on, passé sous bois, à notre droite, pendant qu'un brillant état-major aurait donné le change à l'ennemi, en se portant sur notre gauche. Ce stratagème a peut-être nui au résultat de la bataille, mais qu'importe? La guerre, cette affreuse guerre n'avait-elle pas été déclarée dans un intérêt dynastique? Quand Frossard commit la faute immense de lancer quelques obus sur les maisons de Sarrebruck, au risque de surexciter l'amour-propre allemand, n'était-ce pas afin qu'on pût apprendre à toute la France qu'un enfant chétif « avait reçu le baptême du feu? » Et quand, un peu plus tard, le brave et honnête Mac-Mahon se vit contraint de livrer bataille à Sedan, dans des conditions impossibles, n'est-ce pas parce que l'empereur avait entendu le cri d'angoisse de l'impératrice, qui disait : « Il nous faut une victoire à tout prix, sinon c'en est fait de la dynastie! »

Le lendemain 17, selon ma coutume, je parcourais dès le matin le champ de bataille jonché de morts. Le sol labouré par les obus ressemblait à un champ fouillé par un troupeau de sangliers. Plusieurs de ces engins, qui avaient la forme d'un pain de sucre en fonte, n'avaient pas éclaté; mais d'autres, hélas! avaient causé de bien cruels ravages dans nos rangs. Ici, c'était un cavalier coupé en deux, à côté de son grand cheval qui gisait là, le poitrail ouvert; plus loin, quatre ou cinq beaux grenadiers tombés dans le sillon, la face tournée vers l'ennemi. Mais je vois là-bas quelque chose de noir qui s'agite. J'accours et je trouve un pauvre soldat de la ligne couché sur le cadavre d'un dragon de l'Impératrice. Ne pouvant plus parler il agitait le bonnet à poil de son compagnon mort, pour appeler du secours. Je lui versai un peu de rhum mélangé de café, et comme il n'était blessé qu'aux jambes, j'eus le bonheur de le sauver.

Je pus, grâce à Dieu, en découvrir ainsi une trentaine, dont je reçus les aveux et dont quelques-uns ont pu guérir. Sur le penchant de la colline d'en face, à 200 mètres environ, j'apercevais les morts de l'ennemi, mais les uhlans à cheval veillaient sur le sommet, tandis que deux officiers prussiens, en manteaux noirs, se promenaient en bas, à quelques pas de moi. Impossible d'aller plus loin. Je jetai un dernier regard sur tous ces restes glorieux qui m'environnaient et je m'écriai, les larmes aux yeux : O rois, quand les peuples se lasseront-ils de payer les frais de vos folies meurtrières !

Je me mis à genoux pour réciter le *De profundis*, et je quittai ces champs désolés qui avaient bu le sang de tant de martyrs obscurs.

Quand je rentrai à Gravelotte, vers midi, l'armée française avait décampé pour se replier sur Metz. Chose inouïe ! je vis çà et là les feux à demi-éteints qui achevaient de consumer une partie de nos effets et de nos provisions. Ainsi, avec un peu d'intelligence et d'énergie, Bazaine, après avoir laissé une ou deux divisions à Metz, pouvait percer les lignes prussiennes à Rezonville et rejoindre Mac-Mahon avec cent mille hommes. A coup sûr, il épargnait les rations de la place, et lui permettait de tenir six mois avant d'avoir épuisé ses vivres. Mais non, après sa prétendue victoire, Bazaine ne trouva rien de mieux à faire que de brûler les effets de son armée à 8 kilomètres du fort Saint-Quentin, pour la ramener dans la place, et s'apprêter à les livrer l'une et l'autre, armée et forteresse, après les avoir affamées.

Le maréchal avait-il prévu cela ? Je ne le crois pas. Il avait probablement, pour unique but, de conserver son armée intacte, en attendant quelque diversion heureuse de la part de Mac-Mahon. Pour qu'un maréchal de France consente à jouer le rôle infâme de traître, il faut qu'un grand intérêt le pousse, et l'on est à se demander encore quel intérêt Bazaine pouvait avoir à nous trahir ? Disons qu'il a manqué de perspicacité et de génie, mais gardons-nous, jusqu'à preuve évidente, de suspecter son honneur qui n'avait encore pas trop souffert de cette journée.

Le lendemain 18, la bataille recommença, bataille brutale et meurtrière où l'artillerie, comme toujours, joua le premier rôle, et où nos troupes, comme à l'ordinaire, manquèrent de munitions. Vers la fin de cette journée, dite de Saint-Privat, une horrible panique s'empara de nos convoyeurs qui arrivèrent jusqu'aux portes de la ville en y jetant l'épouvante. Un corps ennemi, venu de Trèves, nous coupa la voie de Thionville restée jusqu'alors la seule libre. Metz, dès ce jour, se vit bloqué dans un cercle de trois lieues de diamètre, avec cinquante mille réfugiés, dix-huit mille blessés, et une armée magnifique de cent trente mille hommes.

« Les Français, m'avait dit un Anglais, aiment à se nourrir de deux aliments peu substantiels : de romans et d'illusions. » Je me rappelai ce mot, en voyant qu'après la défaite de Saint-Privat on prêtait à Bazaine des desseins patriotiques et des combinaisons profondes. Pour mon propre compte, je me sentais fort peu rassuré, pour avoir lu, dans le *Times*, un mois auparavant, que de Moltke avait pour objectif « d'envelopper, sous les murs de Metz, l'armée française dans les plis de l'armée allemande. »

III

Durant les premiers jours, cependant, nous conservâmes notre bonne humeur. L'on attendait Mac-Mahon, et l'on espérait broyer bientôt l'armée prussienne entre l'enclume et le marteau. Le 31 août, on fit une sérieuse tentative, pour emporter le plateau de Sainte-Barbe. La bataille, commencée vers trois heures du soir (toujours trop tard), se prolongea jusqu'à la nuit noire. Nos troupes de ligne firent merveille, et emportèrent plusieurs positions à la baïonnette. Cette journée, si Bazaine l'eût voulu, dit-on, pouvait être décisive et empêcher, peut-être, le désastre de Sedan. Mais on ne comprit rien, ni à son plan, ni à sa conduite. On le vit rentrer en ville, probablement pour dîner, au plus fort de la bataille. Nos premières lignes ne furent point suffisamment soutenues, et la retraite sonna au moment où l'on allait atteindre le but.

Le lendemain, 1er septembre, nouveau semblant de combat jusqu'à midi, puis retraite générale de l'armée dans les lignes du camp retranché.

Durant ces deux affaires on vit, dit-on, le maréchal Lebœuf chercher la mort avec une espèce de désespoir, comme pour échapper à ses remords et se dérober aux sévérités de l'opinion. Le brave général Changarnier avait eu pour nos soldats de chaudes paroles d'encouragement. Nulle part on n'avait vu Bazaine. Quant à Frossard, j'eus l'honneur de le voir au moment où il gourmandait des soldats qui avaient eu l'audace de passer à côté de lui sans le saluer.

« — Ils ne saluent pas même leur général, s'écriait ce brave homme, quels soldats ! — Il aime mieux boire que de se battre, répliquaient nos soldats, quel *Rossard !* »

Quand on assiste à de telles scènes, il est facile de prévoir que tout est perdu.

Cependant on se demandait à quoi devaient aboutir

tous ces avortements meurtriers quand, le 6 septembre, à sept heures du soir, on entendit une furieuse canonnade. L'ennemi faisait feu de toutes pièces, le temps était affreux, et un immense cercle d'éclairs se projetait sur le ciel sombre. « C'est Mac-Mahon qui arrive ! s'écriait la foule qui se pressait sur le pont des morts ; nous sommes sauvés ! » Hélas ! c'était le général de Failly qui passait à Ars avec quatre mille officiers français prisonniers. L'ennemi voulait leur faire croire qu'il bombardait Metz, tandis qu'il célébrait la victoire de Sedan !

Le lendemain, des prisonniers échangés nous apportèrent quelques journaux français qui nous apprirent la révolution du 4 septembre, et la proclamation de la République. La population de Metz en fut ravie, ainsi qu'une bonne partie de l'armée ; mais Bazaine et Coffinières se tinrent dans une réserve qui ressemblait à un complot, et présageait une trahison. Les aigles furent maintenues à la hampe des drapeaux. La garde impériale fut toujours traitée comme un corps privilégié. Les journaux de la localité furent soumis à une censure très-sévère. La garde nationale et la garde mobile n'avaient que des fusils à tabatière, sans cartouches, tandis que l'arsenal regorgeait de chassepots.

Nous étions là, sans nouvelles du dehors, et sans aucune communication de la part des autorités. Les vivres devenaient fort chers, et l'on commençait à tuer les chevaux de l'artillerie pour nourrir la troupe. D'un autre côté, le bruit courait que, du 5 au 10 septembre, une moitié de l'armée ennemie étant partie sur Paris, il ne restait pas cent mille Prussiens autour de Metz. L'armée et la ville murmuraient. Chacun sentait d'instinct que la situation était fausse, et qu'il fallait en sortir à tout prix; mais Bazaine se taisait et restait invisible comme un satrape, dans son château du ban Saint-Martin.

Le 27 septembre, on fit sur Peltre une tentative pour se ravitailler. Nos braves soldats se montrèrent si pleins d'ardeur que, si l'on avait engagé trente mille hommes au lieu de quelques bataillons, il eut été possible de pousser jusqu'à la ligne du chemin de fer de Forbach, de la couper, et de s'emparer d'une immense quantité de vivres. Mais non, cette tentative n'eut, comme les autres, qu'un résultat partiel. Bazaine semblait jouer avec la vie de ses soldats, et ne les faire massacrer en détail qu'afin de pouvoir dire un jour que l'armée n'a pas manqué de courage, ce dont personne ne l'accuse.

Après cette affaire, on autorisa nos soldats à se construire des huttes en bois, ou en terre, au milieu de magnifiques vignes, qui se trouvent ainsi perdues pour cinq ans. Cette espèce d'installation faisait supposer qu'on abandonnait l'idée d'opérer une trouée prochaine à travers les lignes ennemies. De plus, on nous donnait, pour nos chevaux, du *blé* en guise d'avoine, ce qui nous faisait espérer que jamais le pain ne manquerait pour les hommes.

On comptait sur un siége de la part de l'ennemi qui n'attendait, disait-on, pour nous bombarder, que les pièces de gros calibre à l'aide desquelles il venait de brûler Strasbourg. Personne n'avait peur : nos forts étaient hérissés de pièces de 24, et toute notre ligne de défense n'était qu'une ceinture de batteries formidables. Chacun disait : « Ils s'y briseront la mâchoire, et Metz la Pucelle restera pucelle ! »

Tout à coup, le 7 octobre, une partie de l'armée se

porta vers le Nord, dans la direction de Thionville, par Ladonchamp, avec une multitude de voitures. Voulait-on percer ? Voulait-on seulement se ravitailler ? C'est le secret des dieux. Le fait est que la bataille commença vers une heure, et que je pus assister jusqu'à la nuit à une *sanglante comédie*.

Un jour, dit-on, un missionnaire racontait avec éloquence la Passion du Sauveur. Tout le monde sanglotait. Deux hommes se tenaient debout auprès de la grande porte de l'église. L'un des deux dit à l'autre en pleurant : « Comment ! tu ne pleures pas ? — Moi, dit l'autre, je ne suis pas de la paroisse ! » Ce mot me revint à la mémoire, en quittant le champ de bataille où j'avais vu les feux ennemis décimer les voltigeurs de la garde avec quelques bataillons de la ligne, et blesser à mort le brave général Gibon. Des obus ennemis, en tombant sur la masse de nos voitures, y avaient causé une véritable déroute ; quelques centaines de prisonniers défilaient par escouades, et nos blessés arrivaient en foule portés sur des mulets. Or, il y avait là, tout près, derrière les lignes de Voippy, plusieurs généraux. Ces généraux étaient entourés de fringants officiers qui se peignaient la moustache, et semblaient assister à quelque représentation de l'Opéra. Derrière eux étaient échelonnés plus de vingt mille hommes qui n'avaient pas été engagés. Les uns faisaient cuire leur cheval, les autres jouaient aux quilles ou aux lotos !

Je me dis en pleurant : Ceux-là ne sont pas de la paroisse !

Pourquoi avoir engagé dix mille hommes où il en fallait trente mille? Pourquoi laisser toujours à l'artillerie prussienne le temps de broyer nos soldats, quand ils ne demandaient qu'à bondir sur elle à la baïonnette? Pourquoi n'engager un nouveau régiment dans la mêlée que quand il ne restait plus que des débris de celui qui l'avait précédé? Pourquoi enfin se laisser toujours déborder sur ses ailes, par l'ennemi, au lieu de le déborder?

O généraux, maréchaux, familiers de César, souvenez-vous que si la France vous a gorgés d'or et d'honneurs, c'est qu'elle comptait qu'à l'heure décisive, vous sauriez déployer pour son salut, un peu de courage avec un peu de génie; or, elle vous a trouvés ineptes et lâches à l'heure du péril, et notre génération ne peut plus avoir pour vous, sachez-le bien, que la vénération qu'on éprouve pour les bouquins dorés sur tranches.

IV

Le lendemain, 8 octobre, une joyeuse nouvelle parcourt le camp et la ville. Un sous-officier fait prisonnier à Strasbourg et rendu à Metz avait reçu, disait-on, en passant à Nancy, une dépêche ainsi conçue : « Trois grandes victoires sous Paris — cent quatre-vingt mille Prussiens hors de combat; — l'armée ennemie en retraite sur Châlons; — trente mille francs-tireurs, après avoir repris Lunéville, se dirigent sur Nancy; — que Metz tienne bon, on arrive ! »

Chacun s'abordait joyeux, pour se communiquer la bonne nouvelle, quand le maréchal Bazaine crut devoir sortir de son mutisme pour réprimer cette dangereuse allégresse par un *communiqué* qui peut se résumer ainsi : « Rien ne nous autorise à croire ces bonnes nouvelles, et nous devons nous borner à en souhaiter la réalisation. Malgré tous mes efforts, je n'ai pu me mettre en rapport avec le gouvernement actuel. Un seul cri doit sortir de nos poitrines : Vive la France ! »

A partir de ce jour, la trahison parut évidente. Le général Bourbaki, dont le départ mystérieux avait prêté sujet à tous les commentaires, ne reparaissait pas. Quelques officiers supérieurs avaient parlé d'une *mission d'ordre* que l'armée aurait à remplir. On chuchotait le mot de restauration bonapartiste. L'armée du Rhin, en se joignant aux quatre-vingt mille prisonniers de Sedan, formerait l'armée prétorienne qui ramènerait à Paris l'impératrice avec Napoléon IV. On mettrait à Vincennes *les onze messieurs du boulevard* et chacun y trouverait son compte, sauf la nation. Eugénie serait régente de droit ; Bazaine le serait de fait, et le roi Guillaume, enchanté de trouver avec qui s'entendre, empocherait un bon traité qui lui accorderait, avec l'Alsace et la Lorraine, quelques milliards d'indemnités.

Sous l'empire de ces idées, la garde nationale signe une adresse pour demander à Bazaine ce qu'il a fait, ce qu'il pense faire, et pour lui dire que chacun s'effraie de son inaction. Le maréchal lut cette adresse en fumant son cigare sur son lit de repos et se contenta de dire : « Tout cela mériterait d'être fusillé. »

Un rassemblement se fait devant l'hôtel-de-ville. On crie : A bas les aigles ! Vive la République ! Quelqu'un monte au premier étage, enlève l'aigle du drapeau, la jette au peuple et salue. Le peuple crie : Vive la République! à bas Bazaine! Point de capitulation! et l'on couronne d'immortelles la statue de Fabert.

Le général Coffinières semblait osciller entre le parti national et le parti impérialiste, mais au fond il était d'accord avec Bazaine, et personne ne s'y trompait. Très-sévère pour les patriotes, il n'était souple que pour le maréchal entre les mains duquel il finit par abdiquer son commandement. Il avait pour le conseil municipal des paroles polies, même doucereuses, mais il ne cherchait qu'à endormir ceux qui voulaient se défendre à outrance, et il ne permit jamais qu'on tentât l'épreuve d'un ballon captif pour étudier les positions ennemies.

Les journaux eurent alors le courage de laisser en blanc la place destinée aux articles patriotiques, supprimés par la censure. Durant plusieurs jours, nous n'achetions guère que du papier, et nous vîmes, par là, combien était lourde la main des traîtres qui nous étouffait avant de nous livrer.

Cependant les vivres devenaient de plus en plus rares. Le pain était horrible, le bœuf introuvable, les autres denrées hors de prix, surtout le sucre et le sel qui se vendaient dix ou quinze francs la livre. Nos soldats se lassaient de patauger dans la boue, en faisant cuire leur morceau de cheval, sans sel, avec quelques branches vertes de peuplier. Notre cavalerie se fondait à vue d'œil, car on abattait jusqu'à 500 chevaux par jour, et nos ambulances regorgeaient de fiévreux. On s'interrogeait avec anxiété, et nos officiers demandaient avec instance qu'on fît une trouée, la nuit, par le brouillard, avec les quatre-vingt mille hommes qui pouvaient encore porter un fusil. Par ce moyen, on permettait à la place de tenir plus d'un mois, et l'on jetait soixante mille hommes sur les Vosges, en coupant les communications de l'armée qui assiégeait Paris.

Le maréchal Bazaine avait d'autres vues.

Pendant que nos soldats succombaient d'inanition dans un camp qui ressemblait à une mare ; que nos malades expiraient par centaines dans les tentes du Saulcy et du Polygone ; que quatre mille cadavres s'entassaient dans la fosse commune, et que les enfants mouraient en foule, faute de sucre et de lait, Bazaine se tenait dans son château comme Jupiter dans les nuages, digérant ses truffes, fumant ses cigares et ne se montrant qu'à ses familiers.

Pour ma part, malgré ma bonne volonté, je n'ai jamais pu apercevoir la figure de cet homme.

Il a dû, malgré tout, se faire des amis dans l'armée, et voici comment : Il fit servir aux officiers, le 10 octobre, la solde de la première quinzaine du mois ; le 12, il solda la deuxième quinzaine, et le 20, il fit distribuer toute la solde de novembre. Quant aux croix d'honneur, il en pleuvait. Le lâche s'arrogeait, disait-on, le droit de récompenser la valeur ; le traître se mêlait de discerner le mérite. Pour comble d'ignominie, on a vu des hommes honorables solliciter cette faveur, et se montrer tout fiers de ce pauvre ruban qu'ils avaient reçu de cette main qui devait bientôt signer la capitulation de Metz.

On se demande si la République saura se montrer assez bonne femme pour ratifier, un jour, tous les diplômes dont ce maréchal s'est montré si prodigue.

Il est permis de se demander aussi comment l'armée a pu laisser cet homme réaliser impunément ses projets, et préparer à sa patrie une catastrophe inouïe dans l'histoire. Hélas! c'est que cet homme, avant de nous vendre, avait su nous tromper.

Il avait envoyé son aide de camp, le général Boyer, au quartier général du roi Guillaume, à Versailles. Or, quand ce général fut de retour, on fit répandre, dans tout le camp, les nouvelles suivantes : « La France parle, mais elle n'agit pas. Au lieu de se défendre, et d'organiser une armée de secours, pendant que nous paralysons ici, depuis deux mois, une armée ennemie de deux cent mille hommes, elle se déchire. Les provinces de l'Est n'ont su trouver quelques milliers d'hommes déterminés pour couper les communications de l'ennemi entre Strasbourg et Paris. Les socialistes de Belleville ont renversé le gouvernement provisoire. Trochu et Jules Favre sont en prison. Gambetta et Kératry n'ont échappé à la mort qu'en se sauvant en ballon. Bourges et Vierzon sont au pouvoir de l'ennemi. Rouen et le Hâvre implorent des garnisons prussiennes pour se préserver du pillage. La guerre religieuse a mis en feu l'Ouest et le Midi. La république rouge a arboré son drapeau à Bordeaux, à Marseille, à Lyon, où le sang coule par torrents. »

En apprenant ces nouvelles, données à peu près comme officielles, nos cœurs se serrent et les bras nous tombent. Je fais observer aux officiers qui me les racontent, qu'il faut se méfier de Bazaine et de son envoyé; que celui-ci n'avait pu se mettre en rapport qu'avec le quartier général de l'ennemi, et que l'état-major prussien avait tout intérêt à nous tromper. On s'étonne de mon opiniâtre incrédulité et l'on s'écrie : « Quoi! la France est occupée à une pareille besogne, pendant que nous mourons ici de faim, pour défendre son boulevard! » On ne pouvait se résigner à le croire, et l'on pouvait d'autant moins en douter, que nul secours ne se montrait à l'horizon.

Pour faire, autant que possible, la part de chacun, disons que Bazaine qui n'avait été d'abord qu'un égoïste incapable conspirait, depuis deux mois, contre la République, en faveur de la dynastie tombée; mais ajoutons que la France a eu le tort immense de trop compter sur lui.

Causant, le 7 septembre, avec un officier prussien prisonnier je lui disais ceci : « La guerre impériale est finie; la guerre nationale commence, et avec elle vont commencer vos embarras et vos déboires. — Nous le savons, me répondit-il, mais nous comptons sur votre stupeur et sur vos divisions. »

Le fait est que la France perdit un mois à se réveiller de sa stupeur, en mettant tout son espoir dans un homme qui ne méritait pas cet excès de confiance, comme la suite des événements se chargea de le démontrer.

On nous réduisit bientôt à 250 grammes d'un pain où rien ne manquait excepté la farine, et l'on nous annonça que, même dans ces conditions, la place pouvait encore tenir à peine quelques jours. Le temps persistait à se montrer horrible, et nos soldats se jetaient avec avidité sur les chevaux morts. Un orage ayant emporté, la nuit, les tentes de l'esplanade et de Chambières, nos infortunés malades se virent exposés à toutes les intempéries, et je les vis amener par charretées, le lendemain matin, dans nos ambulances, pour achever d'y mourir. Or, il y avait en ville une multitude de maisons dont les propriétaires avaient fui, et ces maisons restaient fermées. La conscience publique a le droit de demander à Coffinières pourquoi ces maisons n'ont pas été ouvertes d'autorité, pour offrir un asile à nos agonisants, et sauver la vie à des centaines de fiévreux.

Une trouée, si désastreuse qu'on la suppose, nous aurait fait subir moins de pertes que les maladies provoquées par le blocus.

En ces jours de souffrance, disons-le bien haut, l'âme de la patrie se révéla par des faits bien consolants. Un lieutenant du 57e de ligne, en passant dans la rue, vit un petit jambon suspendu à la devanture d'un charcutier. Las de ne manger que du cheval depuis plus d'un mois, il voulut s'offrir, ainsi qu'à ses camarades, le luxe d'un festin de Lucullus. « Combien ce jambon? — Vingt francs. » Et il allait s'exécuter quand il voit passer une dame qui quêtait pour nos blessés : — « Tenez, madame, s'écrie-t-il, prenez vite cette pièce de vingt francs, pour de plus malheureux que moi. Cette pièce me brûle la main, et si vous ne vous hâtez, je sens que je vais succomber à la tentation! »

De leur côté, les braves habitants de Metz ne voulaient point qu'on parlât de capitulation. Ils étaient pâles de colère plus encore que de faim, et pas une plainte lâche ne s'élevait de cet océan de misères. Les femmes surtout se montraient admirables de dévouement, et leur patriotisme égalait, s'il ne le surpassait pas, celui des hommes.

Mais Bazaine se montra sourd, jusqu'à la fin, à tous les nobles accents qui s'élevaient du camp et de la cité. Il accélérait dans l'ombre le dénouement du drame, de concert avec ses maréchaux compromis, et son habileté fut à la hauteur de son infamie.

Il communiqua aux journaux une note détaillée pour nous prouver que la faim nous interdisait une plus longue résistance, et qu'une trouée à travers les lignes ennemies était impossible. Il fit ensuite répandre le bruit que les officiers seuls seraient prisonniers, et que les soldats seraient libres de rentrer dans leurs foyers.

La poire était mûre, et il pensa qu'il pouvait la cueillir.

Le 28 octobre, une affiche blanche nous apprit que l'armée du Rhin était prisonnière, et que l'armée allemande franchirait le lendemain à midi, les portes de la cité vierge, sans qu'aucune de ses bombes ait pu l'effleurer !

Le lendemain 29, à midi, je traverse la porte de France pour me diriger sur Ars et gagner Nancy. Je croise deux cavaliers prussiens dont le regard à la fois béat et arrogant m'est plus douloureux qu'un soufflet. Me voici au ban Saint-Martin, dans ce camp où trois mois auparavant j'avais vu notre armée si pleine de vigueur et d'enthousiasme. Quel spectacle ! un commissaire prussien était là, enregistrant nos fusils, nos caissons, nos voitures, notre magnifique artillerie et nos drapeaux. En face, le superbe fort de Saint-Quentin se couronne peu à peu d'un serpent noir ; c'est l'infanterie prussienne qui prend possession de ses foyers, et semble dire : « J'y suis, et bien des flots passeront sous le pont des Morts avant que vous m'en chassiez ! » A gauche, cinq ou six cavaliers français sont là, couchés dans la boue, exhalant un dernier soupir d'angoisse sur leurs pauvres chevaux expirants. Plus loin, près de Longeville, un général français entouré de ses officiers, sans épée, s'avance, morne et pensif, à pied, pour aller au-devant de Frédéric-Charles, tandis que les zouaves de la garde l'attendent à la Porte de France, pour présenter les armes.

O zouaves, ces baïonnettes que la France vous avaient confiées pour sa défense, il sera donc dit qu'elles n'auront servi dans vos mains, qu'à enivrer d'orgueil quelque prince teuton qui venait d'incendier nos villages !

Arrivé à Ars, j'apprends que les nouvelles de France ne sont pas si mauvaises qu'on l'avait cru. Garibaldi, disait-on était dans l'Est avec une armée de trente mille hommes ; Kératry organisait les forces de Bretagne ; le Midi s'agitait, et Paris se montrait résolu à se défendre à outrance. Je reviens sur mes pas, et je croise nos colonnes désarmées que nos officiers, la mort dans l'âme, conduisaient au camp prussien comme un troupeau de victimes. Ils étaient pâles de faim et pleuraient de rage. Beaucoup me tendirent leur main loyale, en me disant : « — Priez pour nous, et dites bien par là, quand vous serez libre, que nous ne sommes pas des traîtres ! — Soyez tranquilles, mes amis, car je vous ai vus à l'œuvre. Je dirai que vous avez plus souffert des tristesses de la patrie que des crampes de la faim, et que vous êtes désespérés de ne pouvoir prendre part à ses luttes héroïques. Le cœur de la France comme le cœur de toutes les mères, est un abime au fond duquel vous trouverez une larme avec une bénédiction. »

Rentré en ville, je raconte ce que j'ai appris, devant la statue du maréchal Ney. Plusieurs officiers étaient là, ils s'écrient en pleurant : « Monsieur, nous vous croyons, mais *il est trop tard!* de grâce ne nous faites pas mourir. ! » Je leur annonce que j'ai vu plusieurs de leurs camarades déguisés en paysans traverser les vignes de Sainte-Ruffine et gagner les bois pour aller rejoindre les armées nationales.

« Au fait, c'est une idée, » s'écrient-ils, et plusieurs disparaissent pour se disposer à suivre cet exemple.

Revenu sur la place de l'Hôtel de Ville, je vois arriver un beau régiment de cavalerie prussienne. C'était à faire frémir. L'état-major était rangé devant la statue du général Fabert. Du haut en bas, cette statue était enveloppée d'un crêpe, et les officiers ennemis s'approchaient, tour à tour, pour lire l'inscription qui se résumait ainsi : *Plutôt mourir que de me rendre!* Un peu plus loin, je vois un beau cavalier à pied, la tête nue, les larmes aux yeux ; cet homme parcourt la rue en criant : « Metz, ma patrie, ils t'ont vendue ! O jour de deuil, pourquoi ne suis-je pas mort avant que tu te lèves? et que vois-je, ô mon Dieu ? des magasins ouverts quand ils devraient être fermés ; des hommes qui regardent en curieux quand ils devraient porter un crêpe au bras, et pleurer la gloire de la patrie qu'on enterre ! des femmes vêtues de rouge, qui, après avoir amolli nos chefs, vont montrer leur enseigne aux hobereaux de Kœnigsberg ! Ah ! c'est à souffleter cette canaille ! » J'embrassai cet homme avec transport, et je m'enfuis en criant : « O France ! j'ai vu ton vendredi-saint, verrai-je le jour de ta résurrection ? »

V

Tel fut le résultat de cette mémorable campagne : commencée avec imprévoyance, elle fut conduite avec ineptie, et finit par la honte. Un empereur fait prisonnier avec quatre maréchaux, dix mille officiers et trois cent mille soldats! Plus de deux mille canons, livrés à l'ennemi avec des centaines de mitrailleuses et quatre cent mille chassepots, sans compter une forteresse imprenable, voilà ce que la postérité ne voudra pas croire.

Comment expliquer de semblables désastres?. d'autres se chargeront, de cette tâche, et s'en acquitteront avec plus d'autorité ; pour moi je me borne à raconter simplement ce que j'ai vu, ce que j'ai senti, J'ai pu manquer parfois d'exactitude : nul ne m'accusera d'avoir manqué de sincérité. Qu'on me permette d'ajouter à ce triste récit, avec la même franchise, quelques réflexions dans l'intérêt de mon pays.

On a dit en parlant de nos soldats : « Ce sont des lions conduits par des ânes. » A part quelques exceptions, le mot est exact pour ce qui concerne les ânes. Il est certain que notre armée impériale n'a pas eu un seul chef à la hauteur de sa mission. Pas un seul fait de guerre dû à l'initiative d'un chef de corps n'est venu durant cette lugubre campagne, consoler l'amour-propre de la patrie en deuil. Quant aux lions, je distingue et j'affirme qu'un bon quart des soldats de l'armée du Rhin doivent, pour être sincères, repousser cette qualification comme une flatterie. La plupart ne demandaient pas mieux que de se montrer héros, et ils l'ont prouvé dans l'occasion, mais j'en ai vu d'autres, qui n'étaient que maraudeurs fricoteurs et lâches.

Comment pourrait-il en être autrement? Un soldat pour valoir quelque chose, doit être animé du patriotisme le plus pur, ou soumis corps et âme à une discipline qui l'oblige à marcher sans lui laisser la peine de raisonner. Or le soldat français raisonne et ne brille pas toujours par la discipline. Quant au patriotisme il brûle rarement le cœur du braconnier qui se vend comme remplaçant, ou du vieux troupier qui aime la vie de garnison parce qu'il abhorre les travaux des champs, et qu'il suffit d'enivrer d'eau de vie pour qu'il consente, comme au deux décembre, à mettre la main sur les représentants de son pays.

Nos officiers sont braves, mais ils n'ont pas pour le soldat cette sollicitude un peu paternelle qui double la force en provoquant l'affection. Aimant trop la vie de salon ou de café, ils sont loin de briller, pour la plupart, par l'amour du travail et par la science qu'il procure. Ils s'exposent ainsi à commettre des erreurs déplorables dont un excellent capitaine me citait un exemple.

C'était, dit-il, le 18 août, jour de la bataille de Saint-Privat. Faisant ma ronde aux avants-postes, j'arrive à la grand'garde. Quelle n'est pas ma surprise, quand je vois nos soldats regardant Metz et tournant le dos à l'ennemi ? « — Qui vous a placés ainsi ? leur dis-je. — Le capitaine X... — Dites-lui de ma part d'apprendre la géographie, et faites volte-face, car Metz est ici, et les Prussiens sont là ! »

Cette ignorance, jointe à je ne sais quelle légèreté chevaleresque, nous a exposés, dans tout le cours de cette funeste campagne, à une foule de surprises. L'ennemi avait une multitude d'espions intelligents, des éclaireurs déterminés, et n'avançait qu'à coup sûr. Dans son camp, point de tentes, point de feux, point de clairons, un simple sifflet. Quant à nous, nos espions recevaient notre argent pour nous vendre ; nos éclaireurs n'apportaient que des renseignements qui n'apprenaient rien ; nos feux de bivouac ressemblaient à des incendies, et nos clairons annonçaient *urbi et orbi* que nous étions là !

Le grand malheur de notre armée du Rhin, ce qui explique sa faiblesse et en faisait pour la France un péril, consiste surtout en ceci : Prétorienne bien plus que nationale, elle fait de la guerre un *métier* au lieu d'en faire un devoir. Brave par ambition plutôt que par patriotisme, elle est plus sensible aux faveurs de César qu'à la joie pure d'avoir défendu son pays. La France comptait trop sur elle, et c'était un tort ; sa confiance endormait son énergie. C'est dans ce sens que la catastrophe de Metz, au lieu d'être un désastre, ne sera que l'aurore providentielle de notre résurrection.

Soyons justes, même envers nos ennemis et avouons qu'au point de vue religieux et moral, l'armée allemande pourrait en remontrer à l'armée française. Nos troupiers se permettent des jurements à faire dresser les cheveux sur la tête. Beaucoup se livrent à des excès déplorables d'ivrognerie et d'immoralité, recherchant souvent le superflu plutôt que le nécessaire. Nous avons pu remarquer dans nos ambulances, que nos blessés guérissaient difficilement, et que nos amputés succombaient presque tous. Ceci provenait sans doute de la pénurie où nous nous trouvions, grâce au blocus, en fait de vivres et de médicaments, mais révélait en même temps un sang bien appauvri. Le soldat prussien est plus moral, se porte mieux et guérit plus vite.

Le troupier français conserve très-peu de foi, et rien ne brille moins chez lui que le sentiment religieux. On dirait même, à l'entendre, qu'il suffit de servir l'empereur pour être dispensé de servir Dieu. Il accepte assez facilement le ministère du prêtre, à sa dernière heure, mais rarement il le réclame. Enfin, persuadé que tout lui est dû parce qu'il est malade, fût-ce par sa faute, il se montre, en général, fort peu prodigue en fait de gratitude.

L'Allemand est plus mystique et beaucoup plus penseur. Il porte une bible dans son sac, avec un livre de prières, et, dans son cœur, comme sur son casque, cette belle devise : *Avec Dieu et le roi, pour le pays de nos pères !*

Qu'on me pardonne cette brutale franchise, et qu'on ne m'accuse pas de manquer de patriotisme. Dieu sait combien j'aime nos pauvres soldats, ce que j'ai fait pour eux, et combien il m'en coûte de rendre ainsi justice aux ennemis de ma patrie. Mais la vérité a des droits imprescriptibles, et cacher le mal ce n'est pas le guérir.

Quant à nos officiers, je n'ai eu qu'à me louer de leurs aimables procédés, et j'ai voué à plusieurs d'entre eux une éternelle gratitude. Cependant, le prêtre se fait difficilement pardonner sa présence au milieu d'eux, parce qu'il représente, à leurs yeux, des préceptes impraticables et des dogmes impossibles. Quelques uns se montrent franchement catholiques, même dévots ; les autres sont déistes ou spirites, et un trop grand nombre matérialistes. Les premiers peuvent être braves sans cesser d'être conséquents, car l'on comprend qu'un homme sache se battre quand il est convaincu qu'un trépas héroïque lui ouvre l'accès à un monde meilleur ; mais on ne comprend guère la bravoure chez les derniers. Quand on est persuadé qu'on n'est qu'une machine plus ou moins bien organisée, on doit éprouver une furieuse tentation, celle de dérober cette machine précieuse au coups de l'ennemi, de peur qu'il ne la démonte.

Telle est peut-être la raison profonde du drame lugubre que nous avons raconté. Si nos vieux maréchaux avaient cru fermement à la justice éternelle qui attend les héros pour les couronner, et les traîtres pour les punir, Metz ne serait point rendu, et la France ne pleurerait point sa gloire obscurcie.

Je ne dirai rien de l'intendance, sinon pour avouer qu'elle fait tout au monde pour mériter la reconnaissance des fabricants de papier. Ses rouages sont si compliqués qu'il faut être du métier pour s'y reconnaître, ce qui n'a pas empêché nos soldats de manquer souvent du nécessaire. J'ai pu remarquer aussi que les intendants sont très-bien payés pour ne rien faire, les sous-intendants un peu moins pour faire un peu plus, et les officiers inférieurs presque pas pour faire tout.

Ceci d'ailleurs est éminemment conforme au système du gouvernement absolu, où les charges sont des sinécures, où la faveur tient lieu de mérite, et où les uns ont la peine, tandis que les autres ont le bénéfice.

Il aurait suffi de connaître cela il y a quatre mois, pour prédire, sans être prophète, les malheurs qui nous accablent. Dieu n'a pas eu besoin de nous punir : les dépravations provoquées par l'empire n'ont eu qu'à porter leurs fruits pour produire ce que nous voyons.

L'histoire dira qu'un César sexagénaire, à la tête de deux cent trente mille hommes qu'il avait amollis, a osé déclarer la guerre à douze cent mille hommes parfaitement armés et pleins d'ardeur. L'histoire dira que l'inepte Frossard a reçu le commandement d'un corps d'armée pour avoir donné à un pauvre enfant maladif des leçons de vélocipède, et que toutes les forces organisées de la France ont été remises entre les mains de l'aventurier dont la jalousie avait préparé le drame de Queretaro. L'histoire dira qu'un bandit couronné, au lieu d'armer son peuple contre l'étranger, n'a songé qu'à s'armer contre lui, et qu'après avoir sauvé pour sa part des millions d'économies, il n'a laissé à la France aux abois, avec les débris d'une couronne profanée, que vingt milliards de dettes et le fléau de l'invasion !

Et maintenant, peuples, instruisez-vous. Sachez-bien que l'avenir du monde est engagé dans le formidable duel que vous avez sous les yeux. C'est la lutte du passé contre l'avenir, de la force contre le droit, de l'autocratie contre la liberté. Et vous, habitants de nos campagnes, efforcez vous de comprendre. Si on vous enlève vos chevaux, vos bestiaux et vos voitures, après vous avoir pris vos fils pour les conduire à la boucherie, c'est grâce à l'Empire, à cet Empire que vous avez tant acclamé, après avoir fermé l'oreille à la voix de ceux qui voulaient vous instruire. Cet homme à qui vous devez tous vos malheurs, vous croyez peut-être qu'il souffre de vos souffrances, en pensant aux ruines qu'il a faites, aux mères et aux fiancées qu'il a mises en pleurs, aux ruisseaux de sang que j'ai vu couler parce qu'il l'avait ainsi voulu? Non, vous vous tromperiez. Cet homme habite un château splendide; on lui sert vingt-un plats à sa table, où il se plaît à réunir tous ses maréchaux, tous ses généraux, pour conspirer avec eux, de concert avec nos ennemis, contre la France qu'ils ont vendue.

Donc, ne votez plus jamais sans savoir ce que vous faites. Instruisez-vous et sachez vous montrer citoyens pour avoir le droit d'être électeurs. Les impôts deviendront lourds, il faut s'y attendre. Des hypocrites viendront à vous et vous diront : Vois comme la République est bonne mère ! Au temps de l'empereur tu ne payais que tant, et maintenant tu paies davantage ! — Répondez-leur avec mépris : Retirez vous Satan ; si nous payons si cher, c'est que nous acquittons la note des orgies de l'Empire.

Encore vingt ans de ce régime, et la France s'effondrait au sein de toutes les corruptions qui, seules, ont rendu possible ce règne infâme. Qu'arrivera-t-il ? Je n'en sais rien. Mais mon âme se refuse à pleurer le désastre de Sedan. César triomphant à la tête de ses maréchaux, c'était son despotisme affermi pour de longues années encore. César captif et lâche, c'est l'Empire devenu impossible, grâce au dégoût qu'il inspire, et la France reprenant possession d'elle-même. Bénissons donc nos défaites, qui nous ont valu la liberté, en organisant les victoires qui nous rendront l'honneur avec l'indépendance.

On se demandera peut-être pourquoi ce langage de la part d'un aumônier de la garde impériale ? Je réponds : Nommé aumônier de la garde sans avoir sollicité cette faveur, je n'ai pas, en l'acceptant, cru m'interdire le droit de juger l'Empire. Aimant la France plus que tout au monde, j'ai cru pouvoir signaler à l'opinion, d'un cœur ému, quelques-unes des fautes qui l'ont plongée dans l'abîme. Ma conscience seule a inspiré ces lignes et je compte, pour m'encourager à les publier, sur la conscience de mes concitoyens. Qu'importent les vanités froissées en face des maux qui nous accablent, et des souvenirs qui nous navrent ! L'heure est solennelle, et j'écris ces lignes à deux pas des patrouilles allemandes, dont j'aperçois les baïonnettes.

Si, ce qu'à Dieu ne plaise, le retour de César me condamnait à l'exil, en voilant encore une fois la statue de la Liberté, je m'y résignerais sans mérite, persuadé que nulle joie n'est comparable à celle que l'on éprouve d'avoir fait son devoir. Mais, si terribles que soient nos épreuves, j'ai foi en l'avenir de ma patrie, parce que sa cause est celle de l'humanité. Toutes les nations sont *guérissables* quand le Christ les a touchées, et la France, j'en ai la confiance, sortira de sa chaudière, comme autrefois l'aigle de Patmos, *purior ac viridior*.

Et comment ne point espérer quand on voit les prodiges qui s'opèrent et la fièvre qui nous brûle? Ah! ne pleurons pas trop nos forteresses, comme si tout était perdu. La force d'un peuple n'est pas dans ses remparts de pierres, mais dans la poitrine de ses citoyens libres qui consentent à mourir. Redoutons seulement la licence qui, seule, peut compromettre encore nos libertés reconquises. N'ayons tous qu'un cœur et qu'une âme, en réservant toutes nos colères pour les envahisseurs, et souvenons-nous que, « si le courage fait les vainqueurs, la concorde fait les invincibles. »

Nancy, jour des Morts 1870.

FIN

LYON. — IMPRIMERIE PITRAT AÎNÉ, RUE GENTIL, 4.

www.ingramcontent.com/pod-product-compliance
Lightning Source LLC
Chambersburg PA
CBHW061013050426
42453CB00009B/1416